AF209912

# KRISTALLIMATRIISI JA
# KRISTALLIKALLOJEN SANOMA

MARJUT MOISALA

# KRISTALLIMATRIISI JA KRISTALLIKALLOJEN SANOMA

FSC
www.fsc.org
MIX
Paperi vastuul -
lisista lähteistä
Paper from
responsible sources
FSC® C105338

© 2021 Moisala, Marjut
Kaikki oikeudet pidätetään

Kustantaja:
BoD - Books on Demand
Helsinki
Suomi

Valmistaja:
BoD - Books on Demand
Norderstedt
Saksa

ISBN: 978-952-80-3682-1

**Kristallimatriisin vartijat kutsuvat Sinua kotiin, Henkeen.**

Olet tullut kotiin. Itseesi. Seisot suuren temppelin edessä. Temppelissä olet käynyt monesti ennenkin, mutta et samoin kuin tänään. Temppelin etuosasta menet sisälle kristalliseen luolaan, joka on kallon muotoinen. Olet pyhässä paikassa, omassa Itsessäsi, mutta samalla jossain, jota voidaan kuvata ikään kuin se olisi ulkoinen paikka.

Yhdistymisesi kristallimatriisiin on alkanut vanhojen mielen matriisin ohjelmointien poistamisella. Työ on ollut laaja. Sitä se on aina. Kuitenkin nyt on tullut aika astua sisälle kristallikallojen tietoisuuteen ja uuteen mielen matriisiin. Siihen, joka johtaa korkealle valaistumisen vuorellesi. Yhtymään sisäisen Rakastetun kanssa. Häntä sinä etsit kaikissa seikkailuissasi ajassa ja avaruudessa. Häntä sinä kaipasit jokaisessa rakkaassasi. Häntä syytit silloin, kun luulit tulleesi petetyksi tai hylätyksi.

Välittääkö Hän sinun syytöksistäsi? Ei koskaan. Hän rakastaa sinua aina, tässä ja nyt. Ajan tuolla puolen. Ikuisessa nyt -hetkessä, jokaisella hengenvedollasi, hengität vain ja ainoastaan Rakkautta lähteestä. Itsestäsi. Siellä on kaikki. Sinä OLET kaikki. Mitään ei ole Sinun Itsesi ulkopuolella. Hengität olemista ja ei–olemista aina ja ikuisesti nyt, nyt ja nyt! Kun yhdistyt kristalliseen matriisiin, olet samalla tullut kotiin. Henkeen.

Tämä teksti kertoo mitä koti tarkoittaa. Mikä on kotisi, josta et koskaan lähtenyt ja kuinka löydät kodin Itsestäsi ja samalla lakkaat loputtoman etsintäsi itsesi ulkopuolelta. Kuumeinen etsintä päättyy ja raukeana sinä lepäät, sisäinen Rakastetun käsivarsilla. Kristallikallojen tietoisuus on tässä tukenamme.

*Ole rauhassa. Kaikki on hyvin. Rakkaus hengittää sinua.*

## ALKUSANAT MARJUTILTA

Tämä pieni teksti halusi tulla kauttani. Prosessi oli monivaiheinen. Vuoden 2020 helmikuussa puolisoni ehdotti matkaa Lontooseen, juuri ennen talvisia myrskyjä sekä virusunen laskeutumista päällemme. Matka alkoi erikoisella tavalla, koneesta myöhästymisellä, vaikka teimme kaikkemme ja rikoimme omat juoksuennätyksemme varmasti!

Kuitenkin Lontoo otti meidät lopulta vastaan, vain hieman myöhässä ja tietoisuudessani kajasteli jo kuva British Museumin kristallikallosta, sillä se oli kutsunut minua jo pidemmän aikaa eli viisi vuotta aiemmin, kun olimme Pariisissa. Tiesin, että tämän Lontoon kallon kohtaaminen oli tärkein asia minulle matkallamme, vaikka en tiennytkään miksi.

Olen aiemmin kanavoinut Adamon -henkiopasta ja hänen kahdessa kirjassaan on pienet osat myös kristallikallolta tullutta kanavointia. Ensimmäisessä kirjassa "Adamonin aika" on kallo joka kanavoitui, numero 4. Viimeisimmässä kirjassa kallon numeroksi annettiin 13, eli 1+3=4. Sama kallo, korkeammassa dimensiossa?

Kanavointi, joka kalloilta on tullut, on hyvin suoraviivaista. Se ei käy kauppaa egomme harhojen kanssa.

Kun pääsin sitten tapaamaan Lontoon kalloa ja katsoin sitä silmiin, koin välittömästi voimakkaan yhdistymisen kristalliseen tietoisuuteen ja samalla kohtasin kristallisen olennon, joka vaikutti silmiini hyvin erikoiselta jopa liikkeissään. Hänen kehonsakin kun tuntui olevan kiteinen, silikoniperustainen?

Yhdistyminen kalloon ja tähän olentoon oli todella voimakas kokemus välittömästi ja vaikutti aivan solutasollekin saakka. Myöhemmin tein museossa myös meditaation, jossa olin kallon aurassa ja vain OLIN kristallisuus ja tietoisuus.

Saavuttuani takaisin kotiin minun tarvitsi vain katsoa kallon valokuvaa ja välittömästi kohosin tuohon samaan hyvin korkeaan tietoisuuteen, joka chakrojen tasolla on korkealla pään yläpuolisten chakrojen alueella. Meditaatiot johtivat myös verkkokurssiin eli ryhmän mukaan ottamiseen ja jokainen meistä totesi, että meditaatiot, jossa menimme "kallotemppeleihin" olivat voimakkaimpia ohjaamiani meditaatioita ikinä. Ja voin kertoa, että olen ohjannut meditaatioita hyvin paljon ja ne on aiemminkin vaikuttaviksi mainittu.

Kristallimatriisin vartijaksi nimittämäni tähteläinen tai moniulotteinen olento opetti ja esitteli minulle ja kurssilaisille monenlaisia erilaisia kokemuksia, itsessä koettuna, eikä vain tietona. Kristallimatriisi on ylösnousseitten mestareitten ja muiden korkeitten henkien yhteinen tietoisuuskenttä, joka resonoi myös äitimaan sisäisten kristallien kanssa. Kristallikallokonklaavissa sanotaan olevan ainakin 13 kalloa, ja tämä lienee kuitenkin osin myös symbolista kuvaten vaikkapa Tarotkorttien 13 (kuolema = transformaatio eli muodonmuutos) sekä Jeshuaa 12 opetuslapsensa kanssa, vaikkakin käsitykseni tuosta asiasta on, että opetuslapsia oli huomattavasti enemmän.

Oli miten oli, olen saanut yhteyden muutamiin kristallisiin kallo -ystäviin sekä Ami ametistikalloon ja tässä tekstissä tahdon antaa äänen heille, jotka kauttani tahtovat esittäytyä. He kertovat oman viestinsä eri luvuissa ja lisäksi Adamon sekä kristallimatriisin vartijat ovat kanssamme välittäen kallojen tietoisuutta sanojen maailmaan. Luonnollisesti kanavoituvat tietoisuudet käyttävät minun tietoisuudessani olevia sanoja ja käsitteitä, mitenpä muuten voisi ollakaan.

Pidä kiinni penkistäsi ja astu virtuaaliselle matkalle Oman Todellisen Itsesi huomassa. Sinä OLET valo. Sinä OLET henki. Sinä OLET kaikki mitä on. Älä etsi enää, käänny sisäänpäin ja kuten Adamon ja kallot sanovat:

*Käänny ja näe itsesi! OLE oma itsesi, samaistumatta harhaan.*

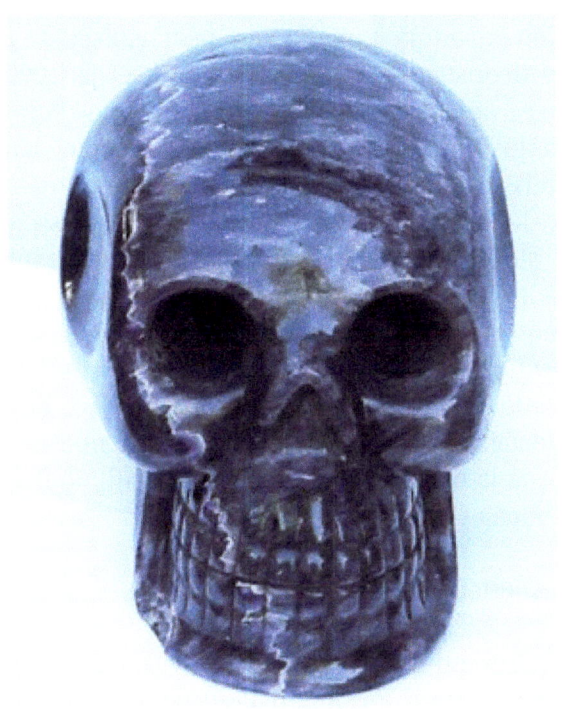

## AMI AMETISTIKALLON SANOMA

Ihmisen poika, Jumalan poika. Voitko nähdä kasvoni edessä-si? Jos ja kun voit, salli minun yhdistää tietoisuuteni sinun tietoisuutesi kanssa ja salli meidän hetkisen olla YKSI. (Voit katsoa Amin kuvaa ja sallia tämän tapahtua, tai siirtyä suoraan eteenpäin.)

Tietoisuutesi on arvokkain aarteesi ja itse asiassa ainut aarre mitä sinulla on. Voit olla pieni inhimillinen ihminen tai voimakas rakkaus ja Jumala, mutta siitä on sinulle iloa vain, jos olet siitä tietoinen. Ilman tietoisuutta ei ole mitään havaintoa, eikä ilman havaintoa ole tietoisuutta.

Havaintojen maailma samalla luo ja havaitsee luomustaan. Tietoisuus tiedostaa havainnot ja luomukset ja hyväksyy ne, tai tuomitsee ne. Tästä syntyy ikuinen syyn ja seurauksen eli karman ketju. Jälleensyntymisen ketju ja pakko. Kuitenkaan se tietoisuus jota tarkoitan, ei ole dualistinen sinä-tietoinen-kohteesta -kokemus, vaan jotakin muuta. Dualistinen tietoisuutesi ei ole aarteesi, se on pikemminkin kirous, joka langetettiin päällesi aikojen alussa. Kirouksen siitä tekee kuitenkin vain siihen uskominen, eli jos uskot luomuksiisi joita loit erillisyydestä käsin, olet kirottu tai ainakin kärsit. Mutta kun huomaat, että sinussa on toisenlainen tietoisuus, eli kokonaisuus Tiedostaminen, -avaruus, josta kaikki nousee ja johon jokainen asia ja muoto takaisin palaa, niin silloin oivallat olevasi aina Vapaa ja Perillä, -itsessä.

Tuo Tietoisuuden avaruus on Itse. Itseys. Ja se sinä olet.

Amin tarkoitus on säilyttää todellista TIETOA. Tuo tieto ei ole suhteellista, vaan absoluuttista ja täydellistä. Ami säilyttää tietoa, joka ihmisen maailmasta löytyy pään yläpuolelta, violetista maailmasta, violettiliekin puhdistavasta syleilystä ja uuden luomisesta puhtaasta tiedostamisesta käsin. Luominen on leikkimistä. Luominen on iloa ja vapautta, Jumaluuden ilmaisua. Se tapahtuu vapaasti vain silloin kun Luoja, eli sinun tietoisuutesi on vapaa kaksinaisuudesta ja sidonnaisuudesta. Kun se tanssii yhdessä korkeimman liekin kanssa ja ammentaa Ykseyden lähteestä.

Kaikki muu luominen on korviketta todelliselle luomiselle. Unen kutoja kutoo unensa samaan aikaan kun katselee ja kokee niitä. Se on kuin kosminen hämähäkki, joka suoltaa verkkoa itsestään ja killuu tuon verkon varassa saalistaen elämää itselleen.

*Oletko sinä unien kutoja, vai tahdotko luoda Todellisuudesta käsin totta?*

Ami säilyttää seitsemännen chakran tai maailman kokemusta ja energiaa ja samalla on portti Ykseyteen. Yhdeksi Korkeamman Itsesi kanssa. Siten Ami on myös portinvartija. Vain he, jotka todella ovat valmiita luomaan totuutta totuudesta, voivat läpikäydä tuon portin ilman, että he joutuvat myöhemmin palaamaan takaisin ja tarkastamaan suuntansa.

Amin tarkoitus on olla kosmisen unen ja todellisuuden välissä oleva portti ja siten samalla portti myös muiden kristallikallojen ja kristallimatriisin pariin. Aivan kuten violettiliekki on koettava ja olemus puhdistettava ennen korkeampiin dimensioihin nousemista, on kulku Amin kautta suotavaa ja välttämätöntä, kristallimatriisiin yhdistyessä, mutta sylini on aina avoin Sinulle, joka tulet puhtain aikein ja valossa.

**TIETOJA AMISTA:**

Ametistikallo, paino: 3.86 kg
Alkuperä Meksiko.
Hewlett-Packardin laboratorio teki kallolle testejä. Heidän johtopäätöksensä tutkimuksista oli, että ametistikallosta ei löytynyt nykyaikaisten kaiverruslaitteiden jättämiä jälkiä. Ami on yksi harvoista, joka on todennettu ja hyväksytty muinaiseksi kalloksi, vaikkakaan kallon fyysinen ikä ei välttämättä liity sen voimaan ja kirkkauteen työkaluna ja auttajana.

## LONTOON KRISTALLIKALLO

Olen joillekin teistä portti kristalliseen tietoisuuteen, mutta vain heille, joita kutsun. Sinä voit kulkea museon pitkiä käytäviä kiinnostumatta lainakaan näkemisestäni, tai voit tulla paikalle vain nähdäksesi minut JA yhdistyäkseni minuun. Kristallimatriisin vartijat ovat kanssani. Minun kauttani pääset yhteyteen matriisin kanssa, joka on korkeampi taajuus ja ympäröi Äitimaata. Samalla tuo taajuus suojelee ja tuo yhteyteen laajemman kokonaisuuden kanssa.

Kristallimatriisiin yhdistyminen tulee ajankohtaiseksi sen jälkeen, kun olet jo luopunut vanhasta mielesi matriisista eli Amin mukaan: Tullut TIETOISEKSI, että sinä elät mielen matriisissa ja *tuo matriisi ei ole sitä, mitä Sinä todella olet* vaan kokoelma uskomuksia, ajatuksia, vanhoja muistoja, emootioita ja niin edelleen. Jos et tule tietoiseksi mielesi matriisista, olet robotti, et ihminen ja automaattipilotti ohjaa lentoasi matalalla ja varoen, ei korkeuksiin kohoten.

Kun mielen vanha matriisi murtuu, joku korvaa sen aina ja se on kristallimatriisi tässä järjestelmässä, jossa uneksit eläväsi. Tulee kuitenkin aika eli kohta kehityksessäsi, jonka seurauksena kohoat jopa kristallisen matriisin ja valoverkon tuolle puolen ja Olet Uusi, mutta siihen on vielä aikaa ja matkaa, vaikka aika ja paikka ovatkin illuusiota ja sijaitsevat siellä tietoisuudessasi.

Mielen matriisin vanhojen uskomusten läpivalaisu on tarkkaa työtä ja vaatii valoa ja viisautta, joka liikkuvaan mieleen kohoaa liikkuvan mielen alta ja väleistä eli suuresta mielestä, Mielen Luonnosta. Sitä kutsutaan myös sanalla henki. Ja henki sinä todella VAIN olet, vaikka et vielä koekaan niin.

Kristallikallojen yhdistymisen tarve, jotta voisimme saavuttaa täyden potentiaalin, on ihmisen tietoisuuden luuloa. Emme tarvitse fyysistä paikkaa jossa yhdistyä, sillä me OLEMME aina YKSI. Kristallikallojen 13 yksilöä *Ovat jo* yksi kokonaisuus ja ykseys riippumatta siitä, missä fyysisesti sijaitsemme.

***Samoin ihmiskunta on yksi kokonaisuus, riippumatta missä fyysiset kehot sijaitsevat, eikö vaan?***

Kuitenkin on joskus hyödyllistä, että useampi kolmestatoista kokoontuu yhteen myös näennäisesti fyysisellä tasolla, vaikkakaan kaikki meistä eivät *sijaitse* kolmiulotteisessa maailmassa. Jotta oivallat, mistä loppujen lopuksi on kyse, on sinun vain kaivettava maata sisältäsi, kaivettava ja huuhdottava kuin huuhtoisit kultaa, eroteltava harhan hiekat todellisuuden kultamurusista, ja kerättävä kulta astiaan, eroon hiekasta. Näin analysoimalla ja tarkasti tutkimalla, voi ihminen erottaa harhan todellisuudesta ja pysyä totuudessa, joka on tärkeintä, jotta uni maailmasta nähdään uneksi ja unesta herätään, lopullisesti.

Jos tulet museoon jota vartioin, tule luokseni ja katso minua silmiin. Mutta sitä ennen katso kuvaani, voit myös sen kautta oivaltaa *Kuka olen suhteessa Sinuun Itseesi* ja että sijaitsen itse asiassa myös vain sinun sisälläsi, eikä ulkoista ole. Kristallimatriisin olennot ottavat seuraavaksi puheenvuoron ja siten astun syrjään ja sulkeudun ikuisesti suosioosi.


**TIETOJA LONTOON KALLOSTA:**

Paino: 5,45 kg
Valmistettu kirkkaasta kvartsista.
Alkuperältään Asteekkien valtakunnasta.
Iältään vanha, vaikkakin iästä neuvotellaan vielä.

## KRISTALLIMATRIISIN VARTIJAN PUHEENVUORO

Olen OM KOX. Nimeäni ei kuitenkaan kirjoiteta janalle, vaan se on moniulotteinen ja aina uudistuva geometrinen kuvio.

Kristallimatriisin on siis tarkoitus korvata vanha mielesi matriisi, vanhat uskomukset, muistinvaraiset tiedot ja pelot, joita se heijastaa tulevaisuudeksi kutsuttuun mielen kuvitukseen. Virtuaalitodellisuus on nimitykseni sille, mitä nyt koet ja jota kutsut sanalla "maailma." Se on kyllä totta kokijalleen, mutta samanlainen kuin mikä tahansa muu virtuaalitodellisuus, jota luodaan pelitekniikalla tai ihmisen mielessä syntyvä uni yö-unissanne. Te kyllä *koette sen totena* ja usein uskotte siihen, mutta juuri uskonne siihen tekeekin siitä niin todellista.

Ihminen olentona on hiilipohjainen ja koko olemus kehollisesti on sitä. Kristallimatriisin vartijoiden voisi sanoa olevan eräs avaruudellinen rotu, mutta samalla hyvin kaukaisia esiisiänne. Mekin olemme joskus olleet hiilipohjaisia kehoiltamme JA tietoisuudeltamme, mutta nyt olemme enemmänkin piipohjaisia eli kristallisia olemukseltamme ja usko taikka älä, niin olet sinäkin siirtymässä vähitellen toisenlaiseen olemisen muotoon niin kehollisesti, kuin tietoisuudessasi.

Henkisissä piireissänne puhutaan paljon 5 D siirtymästä mutta harva oivaltaa, ettei se tapahdu nykyisenlaisella ihmiskeholla tai tietoisuudella varustetulla "ajoneuvolla." Olet henki, mutta niin kauan kuin uskot olevasi olento ja siirtyväsi toisenlaiseen ulottuvuuteen, et voi tehdä sitä vanhalla keho -ajoneuvollasi ja et varsinkaan voi ottaa mukaasi vanhoja 3D uskomuksiasi eli mielesi matriisia, se ei vain kerta kaikkiaan toimi!

Kristallimatriisin vartijat siis yksinkertaisesti ovat heitä, jotka auttavat uuteen matriisiin siirtyviä heidän henkisellä matkallaan, luopumaan vanhasta, mutta varsinkin yhdistymään UUTEEN ja oivaltamaan mitä uusi tarkoittaa ja - mitä se ei tarkoita.

*Yksikään itsekkäin motiivein saapuva ei liity kristallimatriisiin, sillä vaikka yksilöitä vielä havaitaan, ei sallita ristiriitaisia päämääriä tai rakkaudettomuutta.*

Kun kokelas tulee puhtain sydämin, hänen tiensä on varmaa. Mutta jos pelko vielä ohjaa, on tarpeellista edelleen puhdistaa mieltä, jotta voi avautua uudelle.

Ihmisen tietoisuudessa Kristallimatriisiin liittyminen tapahtuu pään yläpuolisten chakrojen alueella ja Amin violettitaajuus toimii puhdistavana elementtinä tiellä ylös, jos näin konkreettisesti voisin asiaa kuvata.

Lontoolainen ystävämme toimii eräille teistä porttina itse Kristallimatriisiin ja sen myötä yhä voimakkaammin yhteyteen valoverkon ja ylösnousseitten mestareitten kanssa, mutta tätä ei ainoastaan Valkoisen veljeskunnan ja sisarkunnan osalta, vaan hyvin laajan avaruudellisen yhtymän osalta. Yhdistyessäsi Kristallimatriisiin yhdistyt myös Maan sisäisiin kristallikiteisiin ja koet kenties suurtakin vetoa kivikuntaa kohtaan ja varsinkin valovoimaisia kristalleja kohtaan.

Meditaatio on paras ja suorin tie yhteyteen kristallimatriisin ja minunkin kanssani. Tapaamisiin siis, pian.

## MITCHELL-HEDGES KALLON SANOMAA

Olen ystäväsi. Kuljen kanssasi, jos sallit niin. Sanomani ihmiskunnalle on rakkaus ja vapaus. Emme voi kulkea portin lävitse kantaen mukanamme epäilystä päämäärästä tai siitä, haluammeko päämäärään todella, vai ainoastaan puolinaisesti.

Minun tieni konklaavin yhteyteen on ollut pitkä ja mutkikas. Löytäjääni epäillään edelleen valehtelijaksi, vaikka rehellisempää ihmistä saatte hakea. Hän ei kuitenkaan antanut epäilysten hämmentää mieltään ja suhteemme säilyi puhtaana ja on sitä edelleen, vaikka hän on jo jatkanut matkaa suhteellisuuden maailmasta eteenpäin.

Minun tehtäväni Maassa ei sen sijaan ole vielä päättynyt. Ehkäpä se on vasta alussa. Maa asujaimistoineen on siirtymässä nyt hienosyisempään energiaan ja samalla kollektiiviseen tietoisuuteen, jota ohjaa enemmän sydän kuin emootiot ja pelko niiden lähteenä. Kun suuri massa ihmisiä siirtyy yhtä aikaa kollektiivisesti korkeampaan värähtelyyn, se vaikuttaa todella. Se on kuin eräänlainen porras tietoisuuden evoluutiossa.

*Tässä ajassanne on levotonta ja pelko yrittää ottaa valtaa monella tavalla, mutta te selviätte kyllä ja olette jo selvinneet!*

Dualismin antaessa hieman periksi, se tuo maailman tasolle myllerrystä, mutta se on ohimenevää tässä määrin. Kohta on jälleen rauhallisempaa, mutta samalla myös suuri määrä tietoisuuksia ohjautuu yhä korkeammalle tasolle ja he ovat niitä pioneereja, joille ei edes sydäntasoinen tietoisuus enää riitä, vaan he ovat jättämässä maapallon 3D matriisiin uskomisen kokonaan. Heitä pystymme auttamaan konklaavissa huomattavan paljon yhdessä, mutta varsinaisesti SE ei ole minun päätyöni.

*Työni on tukea heitä, jotka nousevat pelosta rakkauteen Kokemuksena, eikä vain teoriana.*

Rakkaus on paljon käytetty sana ja myös väärin käytetty sana. Tuo sana ei voi mitenkään kuvata sitä tietoisuutta, joka Korkein Rakkaus todella ON. Joten en yritäkään sanallistaa sitä, mutta TIEDÄ rakkaani, ettet ole kaukana rakkauden totuudesta silloin, kun sydämesi laulaa ja hengittää *vain ja ainoastaan rakkautta, eikä mitään muuta sen lisäksi!* *Rakkaudessa ei ole sijaa kompromisseille.*

Siunaan sinua ja veljiäsi ja sisariasi Rakkaudessa. Me olemme Yksi.

## TIETOJA MICHEL-HEDGES KALLOSTA:

Paino:5,2 kg,
Valmistettu Kvartsista
Alkuperämaa Beliz.

Kuuluisin kallo nykyaikana löytötarinansa perusteella. Tutkijan tyttären sanotaan löytäneen kallon ja viettäneen sen kanssa paljon aikaa. Tytär mm. piti tätä kalloa huoneessaan ja koki sen antavan hänelle voimallisia unia. Kallo siis kommunikoi tytön kanssa telepaattisesti ja varsinkin unien kautta.

## MAAN ULKOPUOLISET KALLOT; MAX

**Metatronin kanavoinnista:**

"Alkuperäinen kallo sisältää täydellisyyden, jottei sitä hukata, ja nuo kristallikopiot joita tämäkin päivänä tehdään, pystyvät vetämään energiaa hologrammista ja ylläpitämään osia tuosta energiasta, jotkut enemmän kuin toiset."

Max kallon sanotaan olevan avaruudellista alkuperää ja toinen maan päällä olevista alkuperäisistä kalloista, jotka säilyttävät tuon alkuperäisen täydellisyyden, jotta sitä ei hukata. Muiden kallojen alkuperän sanotaan olevan Maassa, mutta MAX ja Sha-Na-Ra -kallojen sanotaan olevan peräisin Arcturuksen kuusta, josta mestarit toivat nämä toverukset Maahan tiettyä tarkoitusta varten. MAX:in sanotaan olevan tuo kallo nro 13, jonka paikka on 12 kallon keskellä."

## MAX KANAVOITUU

Olen kanssanne. On tullut aika yhdistää voimamme ja kokea kolmentoista kallon yhteistietoisuus ja samalla yhdistyä Korkeimpaan Korkeuteen, siihen tiedostamisen kenttään, jossa Sinä Olet Kaikki.

Ihmisen alkuperä on historiallisesti kaukana ja hyvin kirjava. Avaruudellisten rotujen sanotaan luoneen ihmisen prototyypin ja Jumalan henki kuitenkin asuu Teissä? Tarinat ovat tarinoita, mutta ei savua ilman tulta, vai mitä? Historiallisesti te pystytte muistamaan jollakin tavalla Atlantiksen kokeilun ja jopa Lemurian, mutta harvalla on mitään muistia sitä varhaisemmasta ajasta? *Oletko koskaan miettinyt miksi näin?*

Henkisissä piireissä on muodikasta muistella Atlantislaista elämää ja selata Atlantiskortteja ja jopa tiedostaa Lemurian androgyyninen ajanjakso ja kenties muutakin tuosta ajasta, ennen kuin kyseinen valtakunta upposi meren aaltoihin, mutta muistaako tai puhuuko kukaan henkisen kasvun kulkija ystäväsi Lemuriaa aiemmasta ajasta? *Ei, koska muistia siitä ajasta ei ole.*

Lemurian aikaan *luotiin* sellainen asia kuin muisti, eli ajatus menneestä ja tulevasta, jossa tietoisuus voisi matkustaa. Sitä ennen elettiin siten, mihin nyt monesti pyritään, eli nyt–hetkessä, eikä muuta ollut. Ihmisen aivot muisteineen ja matriiseineen ovat historiankin kirjossa lyhyt asia.

*Äitimaassa elämää on ollut sanoisimmeko "aina", mutta se on ollut elämää, joka on luonnollista ja joka nousee ja tuhoutuu luonnollisen kiertonsa mukaisesti, jättämättä jälkiä, edes muistiin.*

Kaikki muuttuu jatkuvasti. Mikään ei pysy samana, eikä mikään muoto ole ikuinen, näin on maailman laki. Sinun lakisi sen sijaan on muuttumattomuus, nyt-hetki, ikuisuus. Tuosta nyt-hetkestäsi käsin voit todeta, että Sinä todella OLET ja kaikki ON sinussa.

Jos siis kuvitellaan, että lukuisat kulttuurit nousuineen ja tuhoineen myös Lemuriaa edeltävältä ajalta ovat sinussa ja ovat "olleet" sinussa, niin miksi et voi tietää niistä?

Nämä kysymykset esitän vain siksi, että heräisit *ajattelemaan*, sillä se on taito, joka sinulle on annettu juurikin tuossa hetkessä, jolloin sait myös muistin ja kyvyn kuvittelemiseen ja tulevaisuuden suunnittelemiseen.

*Sait tuon mahtavan kyvyn Jumaliltasi, mutta keitä he olivat ja oliko tuo lahja todella hyvä, vaiko huono asia elämääsi Maassa ajatellen?*

Onko Maassa elämää? Vai onko kaikki elämä vain mielessä ja siellä myös Jumalat, joita ihmiset ovat kuvitteellisessa menneisyydessään palvoneet kosmisina vanhempinaan? Vanhemmat ovat rakastavia, he tahtovat lastensa kasvavan ja kukoistavan, mutta olisiko joskus myös niin, että vanhemmat tahtovat vähän elää lastensa kautta? Niin ainakin tässä tapauksessa, kun muistelemme kosmisia vanhempiasi ja heidän apuaan sinun elämässäsi.

On luonnollista, että maailman tasolla eläessä elämää on kaikkialla kaikkeudessa, avaruuden aroilla ja kaikkeuden leikkikentillä, monissa järjestelmissä ja monien kehittyvien sivilisaatioiden matriiseissa. Näistä kaikista teidän tieteiskirjanne ja sarjanne kertovat melko hyvinkin. Mutta... Maailmauni on aina sitä samaa, eli unennäköä ja tapahtuu tietoisuudessa.

*Onko siis todella historiaa, jossa olet elänyt hienoissa tai kurjissa kulttuureissa Maassa tai muualla? Vai onko tämä se kuuluisa satu, joka kerrotaan lapsille kun hän kysyy luomisesta, mutta ei pysty vielä oivaltamaan, että kaikki luodaan tässä ja nyt, eikä muuta hetkeä ole edes olemassa, ei muuta luomista, ei aikaa eikä paikkaa todella, ei historian siipien havinaa, vain tämä tässä, jossa kaikki aina ON.*

Onko tämä liikaa sinun viattomille silmillesi lukea tai korvillesi kuulla? Tahdotko vielä kuulla satuja luomisesta, joka tapahtui "aikojen alussa" vuonna se ja se... Ja elämästä, joka jatkuu jana-ajalla kunnes maailmanloppu korjaa janan keräksi sisälleen, kuten sen kuuluisan kosmisen käärmeen, joka aina vaan nielee omaa häntäänsä?

Intian viisaat, jotka edelleen Vedoissaan kantavat puhtainta tietoa kokonaisuudesta ja Sinusta, ovat lausuneet tämän edellä mainitun: Että luominen jolla on alku tai maailma, jolla on alku ajassa, on vain satu joka kerrotaan lapselle. Todellisuus on taas aivan toinen.

Siinä sinä oivallat, että sinä OLET luoja ja kokija ja kaikki unesi hahmot ja kaikki tuo tapahtuu aina vain nyt, eikä milloinkaan muulloin.

*Jos uskot olevasi vielä maassa ja lankeemuksen seurauksena erillinen, niin sekin lankeemus tapahtui juuri Nyt ja samoin sen korjaava liike, vapaus erillisyydestä, on mahdollista kokea nyt, eikä siis "tulevaisuudessa" sillä tulevaisuus ei ole koskaan Nyt.*

Mieli on kaiken lähde. Siellä kaikki tapahtuva näyttää tapahtuvan. Siellä sinä olet Rakkaani perillä Itsessä ja katselet huimia näytelmiä, jotka näyttävät tapahtuvan ajassa ja paikassa. Näytelmiä Atlantiksen viisaista ja keskiajan hulluudesta ja niin edelleen, loputtomasti! Kunnes näytelmien katselu ei enää kiinnosta ja tapahtuu herääminen ja herkeäminen. *Samaistumisen loppu on unien loppu.* Ja mieli on vapaa, sydän laulaa ja Totuus on korvannut harhan.

Kosminen herätyskello on soinut jo monta kertaa ihmiskunnalle, mutta ihmiskunta painaa aina vaan torkkukytkintä ja jatkaa kuorsaustaan. Jotkut harvat kuitenkin ovat jo heränneet ja venyttelevät tyytyväisenä katsellen ulos ikkunastaan, sielunsa ikkunasta, sitä kaunista maisemaa, joka heränneelle avautuu. Heränneiden ei tarvitse kantaa huolta siitä, ovatko muut heränneet, sillä onko muita todella, jos vain yksi on?

*Mutta toki heidän on edelleen tarkkailtava projisoimaansa unta ja annettava anteeksi kaikki siinä esille nouseva, joka vielä nousee erillisyyteen uskomisen unihiekoista silmänurkissa.*

Kun ihminen herää, hän herää ensin unessa, eli unen sisällä. Ja tämä on vaihe, jota kutsutaan yöunien mukaan tietoiseksi unennäöksi. Siinä unessa on anteeksiannolla ja siunaamisella ja armolla paljon tehtävää ja siinä unessa sinä autat "muita" itsesi osia, sillä tiedät heidän olevan juuri sitä; hahmoja joiden päälle olet projisoinut omaa hulluuttasi, jotta et joutuisi katsomaan sitä itsessäsi.

Kun sitten uni on lopulta tehty tekemättömäksi, ei ole ketään "toista" jota auttaa. Kaikki on palannut yhteen ja sinä olet se. Ja mitä sitten? Loppuuko kaikki tuohon ykseyteen? Onko

Nirvana kaiken loppu? Ei toki, sekin on vasta alku, mutta sitä alkua emme voi sanoin kuvata, joten emme edes yritä.

*MAX -tietoisuuden tehtävä on sitoa yhteen ne sirpaleiset tietoisuuden suikaleet, joita 12 kalloa edustavat. MAX on kuitenkin enemmän kuin osiensa summa ja niin olet sinäkin, sillä kuten MAX, sinäkään et todellisuudessa koskaan osittunut, vaan olit ja olet aina ehyt ja kokonainen ja aina perillä.*

Mistä löydät 13 kristallikallon kokonaistiedon ja energian? Tiedät sen varmasti jo. Luonnollisesti sisältäsi. Siellähän kaikki on edelleen ja kun 13 kalloa kohtaavat Sinussa, meditaatiossa, olet paljon vartija.

MAXin sanotaan olevan supertietokone tai tietokanta ja sitä Minä Olen. Kuitenkin, jos jahtaat lisää tietoa ja rationaalista ymmärrystä olet väärillä jäljillä minua jäljittäessäsi. MAX ei ole maallisen tiedon säilyttäjä etupäässä, vaan kosmisen viisauden ja se on aivan toinen asia ja toinen tiedon ulottuvuus. Maailmassasi on paljon turhaa tietoa, mutta kun tuo turhuus lakaistaan pois kirkkaan tiedostamisen kristalliselta pinnalta, niin todellisuuden hymyilevät kasvot paljastuvat ja sinäkin hymyilet.

**TIETOJA MAXista:**

Paino: 8,15 kg
Valmistusmatriaali: Kvartsi
Alkuperä: Guatemala

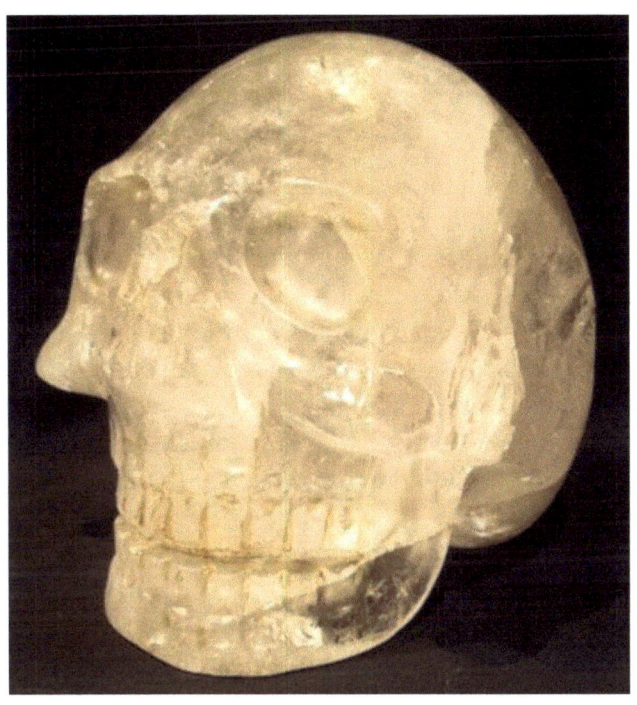

## SHA-NA-RA:N SANOMAA

Sha-Na-Ra on yhteytesi toisiin todellisuuksiin ja niiden lähteeseen. Rinnakkaisia maailmoja on yhtä paljon, kuin tähtiä taivaallasi tai enemmän. Tämä tarkoittaa, että niitä on lukemattomia ja kaikilla niillä on YKSI perusta ja lähde. *Tuohon lähteeseen Sha-Na-Ra voi sinut yhdistää yhä voimallisemmin, silloin, kun olet jo noussut yhteyteen Kristallimatriisin kanssa.*

Kallot joiksi meitä kutsutte, ovat supertietokoneita ja tiedostoja. Aivan kuten tiedätte olevan mahdollista tallettaa suuri määrä tietoa pienelle levykkeelle tai siruun, niin kristallikallojen kokonaistietoisuus on suurempi, kuin ikinä voit Maan ihmisen tietoisuudessasi oivaltaa. Mutta kaikki on hyvin yksinkertaista todellisuudessa, kun erillisyyden ei anneta puuttua asiaan.

Kristallikallojen tietoisuus ladattiin alun perin kalloihin jostain niiden nykymuotoa suuremmasta tiedostosta ja tämä siksi, että aikojen kuluessa ja muutoksen tuulten puhaltaessa oli tärkeää, ettei alkuperäinen eli *lähteen tietoisuus tai TIETO* häviä, vaan se säilyy ja on uudelleen löydettävissä erilaisten aikakausien ja kulttuurien noustessa ja tuhoutuessa yhä uudelleen ja uudelleen. Tämä kohta on yksi sellaisista kohdista, kun kollektiivinen tietoisuus tässä maailmassanne on saavuttamassa sen rajan, jolloin tieto voidaan aktivoida käyttöön.

*Se on aina siellä, sisälläsi, mutta onko siitä sinulle iloa, jos et tiedä niin olevan?*

Kristallikallokonklaavin tarkoitus on sekä pitää yllä tiedostoja, että jakaa niitä heille, jotka ovat valmiit yhdistymään niihin. Sinä olet valmis, eikö vaan? Muutenhan et olisi tämän tekstin parissa.

Yhdistyminen ei tapahdu kaikille samalla tavalla, mutta se tapahtuu varmasti heti kun yksilö (ykseys) on siihen valmis. **Minä autan kokonaistiedon säilytystä ja se EI ole tietoa asioista, vaan tietoa tietoisuudesta, josta asiat nousevat.** Mutta, samalla kuin sivutuotteena säilytän tietoa asioista, kulttuureista ja ns. historiasta. Se on osin sama asia kuin kirjasto, jota kutsut nimellä Akasha, mutta samalla paljon muutakin.

Sha-Na-Ra on mantra ja siunaus. Nimeni siunaa Sinua ja olet hyvin rakas Ihmisenä ja kaiken lähteenä.

Hologrammi, jossa elät tällä hetkellä, on hyvin kaunis harha tai hyvin kamalaa ja kiduttavaa harhaa, aivan kuten sallit itsesi kokea. Varmaa on, että se koostuu vaihteluista ja on suhteellista: Se on tietoa, jota verrataan toiseen tietoon, joten voiko se siten olla todella Totta? Hologrammi on myös helposti muutettavissa ja muunneltavissa. Se elää kokijansa mukaan. Siitä olette saaneet vihiä kvanttifysiikankin kautta.

*Meneekö kaikki tämä yli ymmärryksen? Hyvä! Niin pitääkin, sillä ymmärrys ei ole mitään siihen verrattuna, mitä TIETO ja TODELLISUUS on.*

Ymmärtäminen on sama asia, kuin suhteellisen pienen tiedonmurun vertaamista toiseen tiedonmuruun ja sisältää siten aina erillisyyden perustanaan. Mutta erillisyys ei koskaan voi olla minkään todellisen perustana.

*Vain Ykseys luo ykseyttä ja todellisuutta.*

Sha-Na-Ra vaikenee, sillä sanojen tuolla puolen on maailma, johon voin sinut viedä, mutta vain jos ensin suostut luopumaan valheisiin uskomisesta ja niiden kertomisesta itsellesi. Voin viedä sinut sinne ja vien, meditaation keinoin, kokemuksena. Ole siunattu rakkaani ja tiedä, että Me Olemme Kanssasi.


**TIETOJA SHA-NA-RA:STA:**

Paino: 5,98 kg
Materiaali: Kirkas Kristalli
Alkuperä: Meksiko

**Marjutilta:** Kun tämän tekstin kanavointi eteni, sain eräässä meditaatiossa spontaanisti vision siitä, kuinka istuin ensin kristallisen pyramidin sisällä ja kuinka tuo kaksoispyramidi on tähtitetraedrin sisin osa ja kuinka tuo tähti on myös kristallinen, valoa läpäisevä ja pyörii vinhaa vauhtia ympärilläni. Olen aktivoinut itselleni ja monelle asiakkaalle ja ystävälleni Merkaban ja sen kehittyneemmät muodot käyttöön, mutta tämä oli jotakin muuta. Kristallinen Merkaba? Sitten kuulin miehen äänen, tai ehkä se oli vain ajatus mielessäni; *Kristallimerkiva.* Siitä seuraavaksi OM KOX:n kertomana.

## KRISTALLIMERKIVA, MIKÄ SE ON?

Ihminen tarvitsee maailmassaankin eläessään monesti kulku-välineen, vai mitä? Monella on auto, polkupyörä tai muita hauskojakin vempeleitä liikkumiseen. Jokaiseen matkante-koon on omanlaisensa väline tarkoituksenmukaisin. Jos ajat pitkää matkaa tarvitset auton, mutta metsäpolulla maastopyö-rä lienee sopivin. Näin on myös Valokehojen suhteen.

Sinulla ON valokeho eli Merkaba ja sen kehittyneemmät muodot, Merkiva, Merkana ja kenties jopa MerkaRA. Olet kenties oppinut käyttämään näitä tietoisuuden välineitä taita-vasti, tai opettelet sitä parhaillaan? Kun oppi on mennyt perille, huomaat tahtovasi toisenlaiseen elementtiin tai tilaan. Vaikkapa kun autoilu ei enää maistu, haluat hankkia liput lentokoneeseen tai jopa oman koneen ja lentolupakirjan.

OM KOX tietää paljon ihmisten elämästä. Se on osa työtäm-me. Tietää heistä, joita autamme, jotta osaamme auttaa. (Nau-rua...)

Kun siis tahdot Valokehosi aktivoituasi kulkea vähän "kau-emmas" ja kokea vähän "enemmän" olet jo luopunut paljosta vanhan matriisisi alueella ja avautunut vastaanottamaan jota-kin ihan uutta. *Ei sitä uutta, joka on vanhan toistamista vä-hän eri muodoissa, vaan TODELLA uutta.*

Silloin ajankohtaiseksi tulee aktivoida KristalliMerkiva. Tuo ajoneuvosi mahdollistaa kulkemisen aivan uudenlaiseen tie-dostamisen avaruuteen ja kenttään. Uuteen olemisen - ei-ole-misen tilaan. Jälleen kohtaamme ongelman; sanat eivät riitä kertomaan. Siksi käytänkin vertauksia.

Jos sinulla on iso suurten ja kestävien saippuakuplien tekemiseen tarkoitettu kone ja teet kuplan, johon voisit vaikka itse sujahtaa ja sillä liikkuminen voisi olla kovin mukavaa. Et kuitenkaan keksi, miten voisit mennä kuplan sisälle rikkomatta sitä. Tästä on kyse Kristallimerkivassa. Pääset "sisälle" Todellisuuteen, rikkomatta kuplaa. Samoin pääset ulos, takaisin sinne mistä lähdit ja missä vielä ajattelet eläväsi ihmisenä.

KristalliMerkiva, kuten iso saippuakupla, jonka sisällä voit leijailla, on hauska kulkuväline, mutta tosin kuin kuplaa, sinä voit Merkivaasi ohjailla itse, koska se ei loppujen lopuksi ole mitään Itsestä erillistä, vaan se ON osa Itseäsi. Tietoisuutesi eli laaja tiedostamisesi ohjaa sitä, aivan kuten olet nähnyt tieteiselokuvissa avaruusaluksen olevan yhtä ohjaajan tietoisuuden kanssa.

Seuraava askel Merkabasta ja sen kehittyneimmistä muodoista on siis astua Kristallimerkivaan ja antaa SEN itse opastaa Sinua. Kun tämä ajoneuvo on aktivoitu, se kyllä alkaa neuvoa käyttäjäänsä. Tässäkin siis kokemus tuo mestaruuden, ei teoriatieto. On kuitenkin hyvä omata hieman teoriaa, jotta aktivoitumisen jälkeinen aika olisi helpompaa kokemustensa puolesta.

*KristalliMerkiva aktivoituu meditaatiossa kun sitä pyydetään, JOS pyytäjä on siihen valmis.*

Tässäkin kirjassa mainitut yhdistymiset kristallisiin ystäviin auttavat asiaa. Kuitenkaan tämä tie ei tässä maailman ajassa ole kaikille, mutta se on todennäköisesti juuri Sinulle. Muutoin et olisi tekstin parissa.

On olemassa monia tiedostoja, joiden kautta tähän asiaan voi tutustua. Ne avautuvat meditaation suloisessa syleilyssä. Seuraavassa luvussa kerron vielä hieman tuosta teoriatiedosta, joka on hyvä olla hallussa, kun Kristallinen ajoneuvo käynnistetään. Mitä siitä seuraa arjeksi kutsumaasi tilaan? Mitä fyysisiä oireita koet? Ja ennen kaikkea, millaisia muutoksia identiteettisi kokee?

## KRISTALLIMERKIVAN KÄYTTÄMINEN

Kun KristalliMerkiva on aktivoitu tavalla taikka toisella, et voi olla sitä huomaamatta. Olotilat ovat alussa melko vaihtelevia. Tunnekeho, vaikka se olisi jo hyvinkin valmistettu ja puhdistettu, voi kokea voimakkaita vaihteluita ja herkkyys intuitioon kasvaa. Voit kokea voimakkaasti aivan KAIKEN. Yhteyden kasveihin, eläimiin ja kiviin. Toisten ihmisten kollektiivisen ajatuskentän, jossa toki itse olet myös edelleen osallisena. Voit kokea myös aistienvaraisia kokemuksia aivan eri tavalla kuin ennen, sillä aistit tottelevat tietoisuutta ja sen muutoksia. Kaikki on mielessä, eli tiedostamisesi avaruudessa.

Kun tämä alkuvaihe on käyty, tapahtuu tasapainottuminen ja olotila tuntuu helpommalta. Voi olla että tässä vaiheessa myös luovuus aktivoituu ennen kokemattomalla tavalla. Luovuus vain pulppuaa ja virtaa. Samalla alat nähdä "maailmaa" uskomuksineen todella erilaisin silmin. Kaikki näyttää olevan väärin päin maailmassa ja oikein päin sinussa, mutta maailma muine ihmisineen ei välttämättä lainkaan ymmärrä kokemustasi.

On monia variaatioita tästä vaiheesta, mutta muutos on myös kehollisesti voimallinen. *Koet kenties valokokemuksia kehosi alueella ja voit kokea jopa kimaltavuutta eli kristallisuutta solukehosi tasolla.* Erikoisia tiloja tietoisuudessa on luvassa. Sinä vain kerta kaikkiaan OLET uusi ja entinen "sinä" ei ole enää kovin aktiivinen, vaan paremminkin kuin vanha mustavalkoinen valokuva, muisto jonka kyllä muistat, mutta et kovin aktiivisesti enää edes halua pitää tuota muistoa yllä.

Mutta, tässä tärkeimmät vaiheet. Tulet kokemaan ja tulet tietämään, jos ja kun tämä on sinun tiesi ja kokemuksesi. Me vartijat olemme kanssasi ja siunaamme tiesi.

## VESIMIEHEN MALJA

Vesimies on kohottanut maljansa ylös, ottaa vastaan ja jakaa saamansa "kaikille kansoille" eli juuri jokaiselle sinulle, joka tahtoo ottaa vastaan.

Vesimiehen ajasta on puhuttu paljon ja sitä on odotettu. Maailman tasolla aikakausia on paljon, vaihteluita on paljon ja on varmaa, että muutos on maailman laki. Se ei kuitenkaan ole Sinun lakisi. Henki ei koskaan muutu ja se sinä olet.

Kuitenkin maailmassa aikakaudet, maailmankaudet ja maailman vuodet vaihtelevat. Emme siis puhu tavallisesta vuoden kierrosta ja kalenterista, vaan todella pitkistä ajanjaksoista, joita kutsutaan nimellä maailmanvuosi tai maailmankuukausi.

Olet varmasti kuullut, että nykyinen siirtyminen tarkoittaa askelta Kalojen aikakaudesta Vesimiehen aikaan. Ensimmäiset aallot nähtiin hippiliikkeen nousuna 60-luvulla. Sen jälkeen on tapahtunut näennäisesti paljon, mutta käytännössä ei juuri mitään. Kaikki on niinkuin se on ja niin kuin se on jo pitkään ollut ihmiskunnassa. Tietoisuuden aaltoliike kokee nousuja ja laskuja, mutta mitään suurempaa heräämistä kollektiivisesti ei ole tapahtunut, paitsi juuri nyt, kun tullaan vuotta 2021 kohden.

Yhdessä Maailmankaudessa, joka on noin 24 000 vuotta pitkä, on 12 maailmankuukautta, kukin 2000 vuoden pituisia. Kuka keksi nämä määreet? Hänkö, joka keksi gregoriaanisen kalenterin?

Intian Vedojen mukaan elämme tällä hetkellä rauta-aikaa eli Kali Yugaa, vaikka monet Uuden Ajan ihmiset tahtoisivat tämän asian sivuuttaa. Rauta-aika tarkoittaa henkisesti henkisyyden lähes kokonaan katoamista ja materialististen arvojen ja moraalisen rappion leviämistä ihmiskunnassa. Kuitenkin tässäkin pitkässä ajassa on ns. lyhyempiä eli muutamia satoja vuosia kestäviä "Kulta-aikoja" sillä syklisyys on maailman laki. Muista kuitenkin, ettei se ole sinun lakisi, ellet usko olevasi keho jana-ajan vankina.

Miksi tämä alustus? Jotta oivaltaisit, että kaikki ei ole myöskään New age -henkisyydessä sitä, miltä se näyttää, tai hyvin harva asia on... Useat tahot odottavat "ihmiskunnan ylösnousemusta" ajattelematta lainkaan, mitä se voisi tarkoittaa.

Ihmiskunta on kollektiivisesti korkeintaan nuoren aikuisen tai murrosikäisen tasolla, jos asiaa verrataan ihmisen kehitykseen yksilönä. Chakrojen tasolta katsottuna olette Solar-chakran yksilöllistymisprosessin lopulla ja siirtymässä sydänpohjaiseen tietoisuuteen ja SE saattaa olla monelle kulta-ajan alku, sillä kaikki mitä yksilöt kokevat, siirtyy maailman tasollakin koettavaksi, varsinkin kun tarpeeksi moni yksilö kokee muutoksen.

Aina on heitä, jotka kulkevat etunenässä ja ovat jo ohittaneet tämän vaiheen ja on heitä, jotka tulevat kaukana perässä, mutta tässä tarkoitetaankin sitä "kuuluisaa" kriittistä massaa, josta niin paljon näinä aikoina puhutaan. Mitä tarkoittaa ihmiskunnan ylösnousemus, sellaisena kuin se Kristallimatriisin kannalta voidaan avata? Ei varmasti mitään ylöstempaamista tai maanpäällisen elämän loppumista, mutta kylläkin sen kokemista paljonkin eri tavalla kuin aiemmin.

*Tietoisuus on kaikki kaikessa ja kaikki tapahtuu siellä, ei muualla. Ei ole mitään muuta.*

Olet kuullut sanottavan ja kenties itsekin toistellut, että "kaikki on energiaa." Mutta oletko kokenut sen ja oletko oivaltanut, KUKA on energian lähde ja kuka on Hän, joka kokee energian ja kaiken mitä se luo? Vanhojen oppien toistaminen ei tuo mitään uutta eikä avarra olemistasi. Ei kaikki ole energiaa todella, mutta se näyttää olevan sitä maailmassa. Kuitenkin voisi sanoa ehkä paremmin, että kaikki on tietoisuutta ja kaikki on tietoista. Ja kaikki "tapahtuu" tietoisuudessa.

Tämä tietoisuus ei kuitenkaan lopulta ole sitä tietoisuutta, jota kenties tarkoitat, kun olet meditoinut ja vaikkapa kokenut "korkeita tietoisuuden tiloja". Tietoisuus joka olet henkenä tai mielenä, on Tiedostaminen, vailla eroa kokijan ja koetun välillä. *Absoluuttinen tieto, Korkein, muodon tuolla puolen.*

Se "Vesimiehen aika" johon nyt olette siirtymässä ja osin jo siirtyneet, on kyllä uusien tuulien ja kyseenalaistamisen aikaa. Se tuo kollektiivisesti lisää tietoisuutta tietoisuudesta ja herättää vanhoista matriisin ajatusmalleista ja emootioista. Siten se ON kultaista aikaa monelle. Myös ihmiskuntana saatte paljon uutta virtaa Vesimieheltä, sillä Uranus uurtaa uria. Kuitenkaan tämä vaihe ei maailman tasollakaan ole mikään ylösnousemus, vaikka se herättääkin siihen mahdollisuuteen.

Maailman vuosina eteenpäin katsottaessa on vielä paljon vettä virtaava elämänvirrassa ennen kuin jokin sellainen asia, kuin kollektiivinen ylösnousemus voisi tapahtua ja silloinkin se ei tapahdu "kaikille" sillä... Onko todella muita kuin Sinä, jos ja kun vain YKSI ON?

Kollektiivisen unen jatkuessa aina joku mielen sirpale havahtuu huomaamaan olevansa hereillä. Tuo sirpale on kuin hän, joka yönunesta herätessään nousee sänkynsä reunalle ja karistaa unihiekat silmistään. Kysyykö tuo herännyt liittyen edellisen yön uneensa: "Ovatkohan MUUT uneni hahmot heränneet, vai nukkuvatko vielä?" Luuletko siis, että maailman unesta herätessä ihminen kysyy, ovatko muut heränneet tai tulevatko he heräämään?

Maailman tasolla, suhteellisuudessa, muita on "olemassa". Todellisuudessa olet henki eli Yksi, eikä mitään muuta ole. Onko tämä mahdoton oivaltaa? Ehkä, mutta Sinä tulet sen oivaltamaan, ei teoriana vaan kokemuksena ja olemisen tilana. Samalla näet mitä inkarnaatiosi olivat; näytelmiä jotka nousivat tietoisuuden avaruudesta mielen valkokankaalle. Nautinnollisia, iloisia ja kamalia näytelmiä, mutta olivatko ne totta? Yhtä totta kuin se viime yön uni, josta jo heräsit.

Kristallimatriisiin yhdistymisen merkitys tässä ajassanne on seuraavanlainen: Sinä tulet KOKEMAAN sen minkä tästäkin tekstistä luet. Tulet OLEMAAN vapaus, rakkaus ja ristiriidattomuus. Tulet juomaan Vesimiehen maljasta ja juottamaan siitä myös "muita", niin kauan kuin koet itse olevasi olento, koet myös muut olentoina, eikö vaan?

Kun et koe enää olevasi yksilö tai "minä", muutkaan eivät ole sitä. Muut ovat Sinä Itse ja asuvat Itsessä kuten sinäkin. Mikä tuo Itse on? Nimet eivät voi sitä kuvata, mutta kyllä sinä tiedät.

Tuo paikka, jota nimet eivät kuvaa sijaitsee Sisälläsi, sisäavaruudessa ja siellä myös me Kristallimatriisin vartijat sijaitsemme. Siellä on kristallikallojen tieto ja viisaus yhdessä Korkeamman Itsesi viisauden kanssa. Ja nämä ovat Yhtä.

Tartu käteemme ja tule kanssamme kotiin. Paluureittisi vie ulos perinteisestä mielen matriisista Kristallimatriisiin ja sen kautta vieläkin syvemmälle tiloihin ja olemukseen, jossa vielä kenties vähäsen koet olevasi "olento", mutta vain hyvin vähän. Kunnes tulee aika kaikkien muotojen sulaa pois ja henkesi sulautua suureen henkeen ja Olla Se. Maailman loppu ei tule maailmassa, vaan mielessä anteeksiannon avulla ja kun se tulee, se on suuri siunaus, ei menetys. Olemme kanssassi Rakkaamme jokaisella askeleella, jonka otat **perääntyessäsi takaisin** sinne mistä uneksit lähteneesi matkattomalle matkallesi olemassaolon ytimestä sen ulkosiin osiin.

Hengitä ja tunne läsnäolomme, sisälläsi.

K

Mariam ja  OM

X

(Mariamiksi itseään kutsuva on toinen Kristallimatriisin vartija, jonka tapaan usein meditaatiossa. Hänen energiansa tuntuu feminiiniseltä.)

## LOPPUSANAT MARJUTILTA

Tämän tekstin ei ollut tarkoitus olla pitkä kirja, vaan paremminkin pieni oppikirja, vaikkapa luettavaksi yhdessä Kristallimatriisi -verkkokurssin kanssa. Tietenkin voit saada paljon ilman kurssiakin, vain meditoimalla ja pyytämällä matriisin vartijoilta apua ja yhdistymistä Kristallimatriisiin. Voit myös käyttää kristallikallojen kuvia meditaation alussa. Koimme tämän verkkokurssilla hyvin tehokkaaksi apuvälineeksi.

Tässä tekstissä esittelin vain muutaman kristallikallon. Esimerkiksi Tiibetistä on löytynyt 13 kallon ryhmä, jotka on toimitettu turvaan nykyhallinnolta. Itse Dalai Lama kuljetti kuuluisan rauhaa säteilevän Amar -nimisen kallon Himalajan ylitse turvaan paetessaan Kiinalaisia. Tuo kallo on nykyään Amerikassa.

Vaikuttava kallo on myös mm. E.T:ksi nimetty ystävä, jonka kallon muoto on pitkäkalloinen. Hänestä saan hyvin Siriuslaisen tunnelman.

Aihe on kiehtova ja varmasti tässäkin tekstissä olemme vain pintaa raapaisseet. Indiana Jones toi kallot elokuvan muodossa jälleen esille ja liitti heidät yhteen avaruusolentojen kanssa. Kenties totuus on taruakin ihmeellisempää…?

Maapallon ympärillä oleva tietoisuuskentän voidaan ajatella olevan kristallimatriisi. Kentän sanotaan olevan elämänkukan muotoinen. Pyhään geometriaan perustuvat myös valokehojemme eli Merkaban ja sen moniulotteisten muotojen toiminta. Pyhä Ihminen -kirjastani voit lukea lisää Merkabasta ja sen muista muodoista, sekä tietenkin tärkeimmästä asiasta eli Armosta. Tuon kirjan tietolähde on armon mestari Akenaton.

*Sisäisillä matkoillani Kristallimatriisin vartijoiden ja kallojen tietoisuuteen olen tavannut uskomattoman kauniita näköaloja ja Upean Lähteen, jota kutsun keskusliekiksi. Ykseyden liekki. Kaikki mikä ON. Tuon olemuksen ympärillä on joukoittain enkeleitä ja muita henkiolentoja, joiden ainut tehtävä on vain ylistää ja kiittää Lähdettä.*

Sydämeni pohjasta toivon Sinunkin kokevan nämä näkymät ja avaavan olemuksesi kristalliselle tietoisuudelle.

Jos kallojen viisaus kiinnostaa, Suomeksi asiaa on löydettävissä ainakin seuraavalta Jukka Muhosen sivustolta: http://kristallikallot.fi

Minun Kristallimatriisi -kurssini löydät sivulta: http://solarelverkkokoulu.nettisivu.org

Internetissä on paljon asiaa muilla kielillä tästäkin aihepiiristä, mutta pienen teoria-annoksen jälkeen suosittelen jo siirtymistä sisäavaruuteen ja kuulostelemaan kallojen sanomaa tietoisuudessa. Meditaation kautta olemme yhteydessä paljon suurempaan tietoverkkoon kuin uskommekaan!

Iloa ja innostusta tiellesi tietoisuudessa!

Marjut kristallitietoisuusverkon viestintuojana

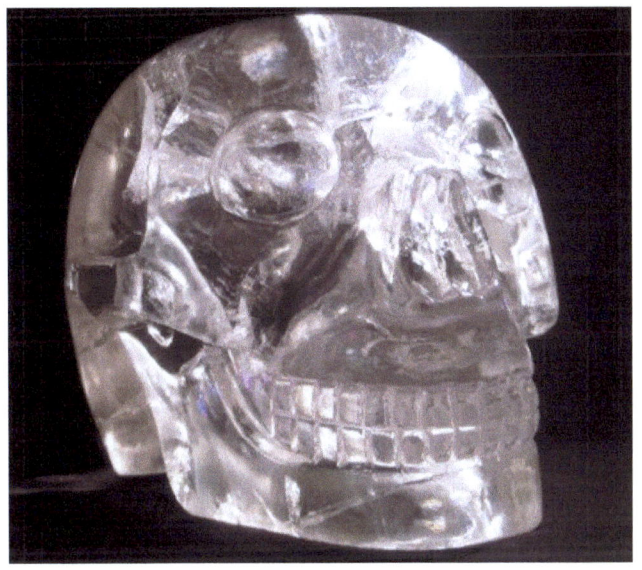

Kuvassa Tiibetiläinen kallo Amar

**Kirjailijan aikaisempaa tuotantoa:**

Valkoinen Kotka, 2020

Vapaaksi Mielen Matriisista, 2020

Sinä olet Se, 2019

Noita, 2019

Näkijän Silmin, 2018

Peli Nimeltä Elämä, 2018

Pyhä Ihminen, 2017

Samsara on Nirvana, ERA, 2016

Muinaiset, ERA Tikatal, 2015

Pelosta Rakkauteen, 2014

Jumalattaren Paluu, 2013

Amenhotep, Valkoisen Lootuksen Laulu, 2013

Todellisuudesta Unimaan Kielellä, 2012

Adamonin Aika, 2010

Atlantiksen Perintö, 2009

Isäni Taivas, Äitini Maa, 2007, uudistettu painos 2014

Ra'n Mysteerit, 2005

Siunatut Sisaret, 2003

Jumalan Pojat, 2000

Marjutin kotisivut:http://solarel.nettisivu.org/

Verkkokoulu: http://solarelverkkokoulu.nettisivu.org/